sabelotod@s

GARCILASO
LA PLUMA Y LA ESPADA

A Raúl y Nerea, poetas en ciernes

Diseño de la colección: Raquel Fraguas González

Apartado de Correos 48.022
28080 Madrid
www.elrompecabezas.com
correo electrónico: info@elrompecabezas.com

ISBN 978-84-96751-44-6
Depósito legal: M-25.330-2008
Impreso en España

GARCILASO
LA PLUMA Y LA ESPADA

Antonio Espejo Trenas

elrompecabezas

Las actividades comienzan en la página 91.
Las aventuras, a la vuelta de esta página.

Cuando en el texto veas una palabra marcada de esta forma: ◆ Carlos I, quiere decir que hay una explicación más detallada de la misma en las ACTIVIDADES.

1

UNO MÁS EN LA FAMILIA

Este relato comienza hace mucho, mucho tiempo. Tanto que la memoria de los ancianos no puede remontarse tan atrás. Lo cierto es que el protagonista de nuestra historia vino al mundo hace quinientos años, en un periodo donde no existía la televisión, ni siquiera la posibilidad de rodar películas sobre los grandes héroes de aquella época.

Aun así, su vida se ha transmitido durante varias generaciones sin que llegara a perderse, como testimonio de las sorprendentes hazañas y peripecias que tuvo que afrontar.

Todo empezó en la ciudad de Toledo, precisamente en el palacio donde vivía desde antiguo su familia. Unas semanas antes del nacimiento, sus padres, Garcilaso y Sancha, se reunieron para planificar los últimos detalles. Nada debía fallar cuando se produjera el acontecimiento tan anhelado.

–Si es niño, se llamará como yo –proclamaba orgulloso el padre.

–Sólo espero que la criatura nazca sana y fuerte –replicaba la madre.

Mientras tanto, por la casa correteaban Leonor y Pedro, los otros dos hijos del matrimonio, quienes no paraban de alborotar por los corredizos.

Ellos, a pesar de ser pequeños, demostraban una gran expectación por la oportunidad de tener un hermano. Pensaban, ilusionados, que no les vendría mal un nuevo compañero de juegos.

Al final, llegó el día señalado. El palacio se convirtió, por arte de birlibirloque, en un hervidero de ruidos, nervios y prisas. Los lacayos se apresuraban a transportar el agua caliente que el médico les pedía y las doncellas rezaban para que el parto fuera correcto. Los perros además no paraban de ladrar a causa del bullicio, y hasta el gallo, asustado en un rincón del corral, cantó a destiempo.

Cerca de la habitación de su madre, recostados una junto al otro, Leonor y Pedro esperaban la buena noticia. Eran los únicos que permanecían tranquilos, ya que el resto de los miembros de la familia y los invitados no hacían sino discutir por cosas banales: que si el bebé tendría la nariz del padre, que si nacería con la inteligencia de la madre, que si sería capaz de cabalgar durante horas sin cansarse...

De repente, los dos hermanitos exclamaron a la vez.

–¡La puerta se ha abierto!

El jaleo se detuvo. Todos miraron hacia allí. El padre dio unos pasos, dubitativo, para entrar en la estancia, temiéndose algo inesperado. Al poco salió con cara de susto y balbuceó unas cuantas palabras.

–El médico dice que los dos están bien. Y también...

–¿Qué? –gritaron los presentes.

–Pues que es un niño –dijo, casi sollozando.

La alegría inundó todos los rincones del hogar. En seguida, los demás acudieron a los pies de la cama, donde la desfallecida Sancha resguardaba a su tercer retoño.

El bebé descansaba adormecido, indiferente al alboroto que le envolvía. Tenía el cabello muy claro y un tamaño bastante desarrollado que anunciaba la corpulencia de su madurez.

Después de que el médico hubiera expulsado de la habitación a los intrusos, con el consejo de no molestar demasiado a la esforzada mamá, el padre empezó a divulgar entre la concurrencia lo que no dejaría de repetir hasta el mismo día del bautizo.

–Ni Fernando, ni Alfonso, ni Antonio. El nombre que hemos elegido para él es Garci. Ya tenemos otro Garci Laso de la Vega.

De esta manera, el niño estuvo marcado desde la cuna por la huella de su linaje, ya que formaba parte de una línea ancestral compuesta por caballeros y guerreros.

Su padre había servido fielmente a los Reyes Católicos en las campañas de conquista por toda la península y había pasado largas temporadas fuera de Toledo, aunque hacía nueve años que no entraba en combate, justo desde la caída del reino de Granada. Por eso no era difícil encontrarlo los días soleados en el patio del palacio practicando la esgrima con algún soldado amigo. Así, decía él, mantenía intacta su fuerza con la espada.

También existía tradición literaria en casa. Uno de los antepasados de Garcilaso era el marqués de Santillana, noble castellano que había sido un poeta famosísimo. Su recuerdo todavía perduraba en los salones de la corte real.

Con estos antecedentes, el futuro de Garcilaso se planteaba incierto. Podría ser soldado, poeta o hasta cura, si se daba el caso.

Las normas sociales de aquel tiempo imponían que sólo el primer varón, Pedro, tenía derecho a heredar las posesiones de la familia, por lo que el resto de hermanos y hermanas debían buscarse las habichuelas por su cuenta.

Mientras crecía, se iba abriendo ante Garcilaso un camino de ilusiones imprecisas.

2

LA VIDA EN TOLEDO

De manera inconsciente, Garcilaso estaba definiendo su personalidad bajo la protección de los muros del palacio. Nada le preocupaba a esas alturas de la vida, con diez años como diez soles. Rodeado de los suyos, aprovechaba cada ocasión que tenía para gastar trastadas a los criados y a los animales del corral.

Tras su nacimiento, otros niños habían aumentado el número de miembros de la familia. Se trataba de Fernando, Francisco, Gonzalo y Juana, quienes seguían a Garcilaso como si fuera un capitán general.

Eso disgustaba a Leonor y a Pedro, los mayores, que estaban aburridos de sus aventurillas por considerarlas niñerías, cosas sin importancia.

Garcilaso jugando con su
hermano Pedro.
La verdad es que algo salvajes
sí que eran.

El padre tampoco se mostraba muy contento con la actitud de Garcilaso y frecuentemente lo amonestaba con duras palabras.

–Hijo mío, no has de olvidar nunca que de tu formación depende tu fortuna. Deja de comportarte como un salvaje.

Garcilaso bajaba la cabeza, impresionado por la profundidad del tono de voz. Sólo se atrevía a responder, susurrando entre dientes.

–Sí, padre, no volverá a suceder.

Después, todavía con el miedo en el cuerpo, corría a refugiarse entre las faldas de su madre. Ella prestaba siempre atención a sus ocurrencias acariciándole su rubia cabecita. Muchas veces le aconsejaba con ternura que de mayor debería ser contador de historias.

En el fondo, Garcilaso era un niño con suerte, con mucha suerte. En aquella época los hijos de las familias pobres no tenían la posibilidad de estudiar. Muy poca gente sabía leer y escribir, ni siquiera los ricos aristócratas. La mayoría de estos acomodados despreciaba el conocimiento de las ciencias y las letras. Se conformaba con holgazanear en la corte, practicando la caza, bailando o combatiendo en los torneos que se organizaban para demostrar quién era el caballero más bruto, el que podía dar más golpes sin resentirse.

Los padres de Garcilaso, sin embargo, quisieron que todos sus hijos estudiaran. Pretendían demostrar que la cultura debía ser un instrumento más en la educación de los niños.

Por eso contrataron a un afamado profesor italiano, Pedro Mártir de Anglería, quien había trabajado para la difunta reina Isabel. Él se encargaba de las lecciones diarias. Como es natural, no existían escuelas como las de hoy en día, por lo que las clases tenían lugar en una habitación reservada de la casa.

Entre todas las asignaturas, Garcilaso demostró una aptitud excelente para las letras. Sus hermanos se quedaban con la boca abierta cuando era capaz de traducir, sin ayuda del diccionario, fragmentos enteros del latín, del griego y del francés. Su tutor solía animarle.

–Garcilaso, si continúas así, algún día te convertirás en un gran escritor.

Todos los hermanos le aplaudían en ese momento, excepto Leonor y Pedro, que ya sabemos que le tenían un poco de envidia.

Como premio, el profesor dejaba que Garcilaso pasase algunas horas solo en la biblioteca del palacio para que leyera lo que quisiera. El niño sentía una felicidad especial al pasar las hojas de aquellos manuscritos tan curiosos que contenían unas historias maravillosas. En ocasiones lo sacaban a rastras de allí para cenar.

Garcilaso disfrutaba mucho con los libros de poesía. A través de sus versos se imaginaba a sí mismo como un caballero que salvaba princesas y ganaba batallas para un gran rey.

Como cada año, cuando llegaba el verano, la familia se trasladaba a una residencia cerca de Toledo: así conseguían apaciguar el fuerte calor del verano.

La algarabía que se montaba cuando los niños escuchaban la noticia les hacía gritar.

–¡Nos vamos! ¡Nos vamos a Los Arcos!

Allí encontraba Garcilaso un rincón de alegría y juegos. La casa estaba próxima al río Tajo, por lo que no era extraño el día que se escapaba junto a sus hermanos para inventar en la ribera del río muchas aventuras fantásticas.

–¡Corred tras de mí que yo os guiaré hacia la victoria! –solía gritarles.

Una tarde, mientras simulaba ser un soldado valiente con su espada de madera en la mano, vio cómo se acercaba a lo lejos una nube de polvo. Al rato, la mancha blanca que se aproximaba se convirtió en un rebaño de ovejas.

Sorprendido, Garcilaso preguntó a los chicos que acompañaban a los animales.

–¿Quiénes sois y adónde vais con tanto follón, caballeros? Sabed que estáis ante Garcilaso de la Vega, primer soldado del reino.

La verdad es que los dos jóvenes se quedaron de piedra al ver a aquel niño rubicundo que les hablaba con tanto orgullo. Les entró una risa tan fuerte que Garcilaso casi se enfadó. En seguida, uno de ellos le contestó.

–Somos Salicio y Nemoroso, pastores de la villa de Toledo, y de caballeros no tenemos ni el caballo, muchachito. Cuidamos de nuestras ovejas y ninguna se nos muere.

Tras este arranque inesperado, los pastores pudieron comprobar que Garcilaso era un niño muy cariñoso e inteligente. Como hicieron buenas migas desde el primer momento, todos los días coincidían en el mismo lugar del río para charlar y jugar.

Se lo pasaban tan bien que pronto fueron inseparables. Los pastores enseñaron al niño las claves del oficio de pastor: cómo guiar a las ovejas por los caminos toledanos sin que se perdieran, cómo esquilarlas a finales de la primavera para que no tuvieran calor y cómo ordeñarlas para recoger la rica leche con que luego se hacía el queso.

Por su parte, Garcilaso aprovechó todo lo que había aprendido en los libros para compartirlo con Salicio y Nemoroso. Ellos también conocían un montón de canciones tradicionales, que recitaban de memoria, y Garcilaso los dejaba asombrados con los versos que recordaba de la biblioteca de sus padres.

El día en que la familia regresó al palacio Garcilaso lloró mucho.

–¿Qué te pasa? –le preguntó su madre.

–Nada, mamá. Es que no quiero separarme de mis amigos pastores –respondió.

–No te preocupes, que el año que viene volveremos y podrás verlos otra vez –dijo para tranquilizarle.

Sin embargo, ocurrió algo que trastocó su ilusión. En el viaje de regreso a Toledo

Garcilaso arenga a Salicio,
Nemoroso... y a las ovejas.

Garcilaso no hizo más que repetir que quería ser pastor de ovejas. Sus padres no salían de su asombro.

Tanto se empeñó en convencer a todos de su vocación que su padre lo llamó para hablarle a solas.

–Garcilaso, estoy cansado de escuchar tus fantasías. Perteneces a una familia de nobles caballeros y has de actuar como toca.

–Pero, padre, pastor no es mal oficio. Resulta muy divertido y se gana dinero con la venta del queso.

–Ni hablar. Tu madre y yo ya lo hemos decidido. Desde hoy mismo te prepararás para ser soldado del rey. Te convertirás en un buen guerrero, como tu padre y tu abuelo.

Durante mucho tiempo lamentó no poder volver a Los Arcos para reencontrarse con sus amigos pastores. Como muestra de amistad, Garcilaso recordaría aquellas tardes tan geniales con Salicio y Nemoroso a orillas del Tajo en una de sus primeras poesías.

3

DOS AVENTURAS Y UN AMIGO

Los años volaron de manera vertiginosa. Garcilaso, que se había imaginado durante la niñez entre princesas y castillos encantados, entre batallas y dragones increíbles, se convirtió en soldado en un santiamén.

Al principio solía aburrirse con los ejercicios de entrenamiento en el cuartel. Debía correr, montar a caballo y practicar con la espada, que ya no era de madera y pesaba un quintal.

Sin embargo, apenas le costaba seguir el ritmo de los soldados más veteranos. Con dieciocho años era un mozo bien fuerte. Cuando se necesitaba a alguien para transportar leña o manejar las pesadas balas de los cañones, todo el mundo contaba con el caballero Garcilaso de la Vega.

En aquel tiempo, España tenía un nuevo monarca. Tras la muerte del rey Fernando, su nieto ◆ Carlos I había subido al trono. En seguida intentó rodearse de los caballeros más valientes en la corte. También dispuso que ésta se fijara en Toledo, que fue capital española antes que Madrid.

Una mañana fue llamado inesperadamente por el capitán del campamento.

–Garcilaso, te reclaman desde la corte del rey. Debes salir de inmediato hacia Toledo.

El joven se puso muy nervioso. No sabía dónde meterse. Volver a casa era estupendo. Desde que se instruía en Valladolid para ser soldado, sólo veía a sus padres y hermanos durante unas breves vacaciones de una semana.

Ensilló a *Apolo*, su caballo preferido, y salió disparado hacia la capital. Los campesinos que lo vieron pasar por el camino se asustaban de lo rápido que cabalgaba.

Tras llegar al palacio, el rey Carlos lo recibió en el salón del trono.

–¿Así que tú eres el conocido caballero Garcilaso de la Vega, hábil con la espada y excelente recitador de versos? –preguntó.

–Sí, majestad. A vuestro servicio –respondió Garcilaso, un poco asombrado de la fama que le precedía.

–Pues quiero que sepas que, a partir de hoy, ya no volverás al campamento. Serás el jefe de mi guardia personal. ¿Qué te parece?

El rostro de Garcilaso se iluminó como un lucero. Pensó que al servicio del rey podría experimentar aquellas aventuras con las que había soñado desde pequeño.

–Intentaré cumplir con mi obligación lo mejor posible –proclamó orgulloso.

En cuanto salió fue directo al palacio de su familia para darles la buena noticia. Tan contentos se pusieron que el padre lloró como no lo había hecho desde el día en que había nacido su tercer hijo.

Antes de marchar, su madre le dio un último consejo.

–Hijo mío, recuerda siempre todo lo que has vivido y estudiado. Que la pluma no vaya detrás de la espada. Que ambas estén juntas en tu corazón y en tu pensamiento.

En menos que canta un gallo, Toledo se inundó de rumores de guerra. Un mensajero llegó al palacio con novedades de que varias villas castellanas se habían rebelado contra la autoridad del rey. El enfado de Carlos fue tremebundo.

–¡No llevo ni cuatro días como rey de España y ya tengo problemas! –exclamó con furia.

Sin pensárselo dos veces mandó llamar al joven jefe de la guardia y le dio las siguientes instrucciones.

–Garcilaso, voy a encomendarte tu primera misión. Al frente de mi ejército tendrás que derrotar a aquellos que se han sublevado contra mí.

–En una semana estaremos listos para combatir –dijo Garcilaso un poco inquieto.

Lo cierto es que el rey se había ganado la enemistad de algunos nobles y alcaldes de Castilla, quienes no aceptaban que tuviera todo el poder para él solo. Se pusieron de acuerdo, formaron las llamadas Comunidades y lograron reunir un pequeño ejército. Sin embargo, los comuneros, como se les conocía, temían que Carlos dispusiera pronto de muchas tropas para detenerlos.

El ejército del rey caminó unas cuantas horas. Ya estaban bastante cansados cuando divisaron a lo lejos, cerca del pueblo de Olías, a las fuerzas de los comuneros. Allí acamparon para preparar la batalla.

Para colmo de males, la noche resultó muy dura. Garcilaso no podía descansar. Había recibido una carta de sus padres donde le informaban que su hermano mayor Pedro era uno de los cabecillas del ejército comunero.

Al joven Garcilaso le horrorizaba la idea de enfrentarse con su hermano. A pesar de que no se llevaban muy bien, quería mucho a Pedro y jamás hubiera luchado contra él.

–No puedo desobedecer al rey, pero tampoco puedo hacerle daño a mi hermano ni a sus amigos –le susurraba a *Apolo* en el oído mientras le peinaba el lomo.

De repente tuvo una idea para intentar salir airoso de la situación. Mandó a los soldados que esquilaran durante la noche a las ovejas que llevaban consigo para alimentarse. Justo antes del amanecer pegaron la lana a las armaduras con ayuda de gotas de miel y avanzaron poco a poco hacia el campamento enemigo.

Los vigilantes estaban amodorrados por el sueño y ninguno se dio cuenta de la espesa mancha blanca que se juntaba en el horizonte. Dando un rodeo, las tropas de Garcilaso se colocaron detrás de las tiendas de los infelices rebeldes.

–Acercaos con sigilo. Que nadie abra la boca –les repetía en voz bajita.

La sorpresa de los comuneros fue morrocotuda cuando, después de prepararse los soldados para el combate, observaron que el ejército del rey... ¡había desaparecido! Por eso no tuvieron tiempo de responder cuando Garcilaso dio la orden de inmovilizarlos. Ganó la batalla y consiguió que ningún hombre muriera en ella.

Las tropas reales encontraron un ambiente triunfal al pisar las calles de Toledo. Aunque la verdad no había mucho que celebrar, puesto que la mayoría de los comuneros eran vecinos de la ciudad y el mismo Garcilaso estaba expectante por lo que le podría ocurrir a su hermano. Al final el rey decidió desterrar a Pedro a Portugal.

El éxito en la batalla de Olías aumentó su prestigio. Pero, además de su ingenio militar, Garcilaso disponía de un talento soberbio para la poesía. Y el rey lo supo.

Entre los nuevos caballeros que el monarca llamó para reforzar el ejército, Carlos presentó uno a Garcilaso. El rey intuía que, en adelante, iban a llevarse muy bien.

–Caballero De la Vega, aquí tienes al capitán Juan Boscán.

–Encantado de conocerte, Juan –dijo el joven con una sonrisa.

–Lo mismo digo, Garcilaso.

En cuestión de días, Juan y Garcilaso ya pasaban muchas horas juntos. Entrenaban con la espada en el palacio real y ambos compartían la misma pasión por los versos de los poetas antiguos. El joven toledano descubrió que Boscán había nacido en Barcelona y que tenía como afición escribir canciones de amor en los ratos libres.

–¿Qué poeta te gusta más? –le preguntó una tarde Garcilaso.

–Bueno, bueno... Me gustan casi todos los clásicos, aunque mi preferido es el valenciano Ausiàs March.

–¿Ausiàs March? No lo conozco. Tienes que dejarme algún libro suyo.

–Y tú, ¿con cuál disfrutas más?

–Hay uno que es muy bueno. Mi padre me contó que fue antepasado de la familia. Es el marqués de Santillana.

–¿Cómo? ¿Tú eres descendiente de Santillana?

Juan se quedó boquiabierto. Conocía la poesía del marqués perfectamente y le encantaba que su amigo tuviera algo que ver con él.

Las cosas marchaban de maravilla para Garcilaso. A veces comparaba la felicidad que sentía al lado de su nuevo amigo con los tiempos en que jugaba con Salicio y Nemoroso a ser pastor. Tan sólo tenía que ponerse a escribir. Todavía no se atrevía a hacerlo y le faltaba un empujón.

–Quizá –pensaba a veces– debo antes enamorarme, conocer a la musa que despierte mi inspiración.

Sin embargo, como se suele decir, todo lo bueno se acaba. Esta vez tuvo la culpa otro asunto militar. Resulta que Rodas, la isla mediterránea cercana a Turquía, fue invadida por el ejército turco. Hasta entonces, los caballeros cruzados habían vivido allí tranquilamente y nadie les había molestado.

El rey Carlos decidió acudir en ayuda de los cruzados. Garcilaso y Juan no dudaron en unirse a la expedición para intentar liberar a sus aliados del asedio de Solimán el Magnífico, el temible sultán otomano que mandaba las tropas enemigas.

A principios del verano partieron hacia Rodas desde el puerto de Barcelona. Los barcos de la flota real se llenaron de armas y alimentos para afrontar el tiempo que iban a permanecer fuera del país. Garcilaso quiso llevarse consigo a *Apolo*, su fiel montura.

–No te preocupes, que el barco no se hundirá –le decía al caballo mientras Juan se partía de risa por el tembleque de las patas del animal.

A las dos semanas de travesía, arribaron a la isla. Auxiliados por varios caballeros

Solimán el Magnífico,
el temible jefe otomano.

cristianos lograron entrar en la ciudad sin que los turcos se dieran cuenta.

El panorama era desolador. Garcilaso comprendió con rapidez que la victoria en Rodas sería imposible. Los pobres habitantes estaban muy flacos por el rigor de tantas jornadas de asedio. De hecho, las provisiones que trajeron desde España apenas duraron unos días y el hambre volvió a aparecer entre los cristianos.

La táctica de Solimán era sencilla pero efectiva: aislar a todo el pueblo de Rodas en la ciudad, atacar sin piedad después y ganar la fortaleza. Algunas veces los soldados turcos asaban pollos y corderos a la vista de los centinelas cristianos con intención de desmoralizarlos y agudizar su sensación de hambre.

Cansados de tanto aburrimiento, con los estómagos llenos de aire pero dispuestos a salvar a Rodas del desastre, los dos amigos le daban vueltas a la cabeza para hallar una estratagema.

–Esto no puede seguir así. Debemos alcanzar el campamento turco y convencer al sultán –pensó en voz alta Garcilaso.

–¿Es una idea acertada arriesgarse en terreno del enemigo? –preguntó Juan.

–Hay que asegurar la paz para que el pueblo de Rodas no sufra más hambre y sed. Tengo un plan.

Al caer la noche, los dos soldados cogieron sus espadas y se camuflaron con sendas capas negras. El bueno de *Apolo* relinchó un poco cuando vio que Garcilaso se alejaba de allí sin contar con él.

Decidieron moverse con mucho disimulo. Andaban en zigzag en medio de la oscuridad. Un guardia turco se sobresaltó al creer que había visto una sombra escurridiza, pero a los pocos segundos, confiado, volvió a dormirse.

La tienda de Solimán estaba situada en el centro de la posición turca. Garcilaso y Juan lo supieron por los cuatro soldados que custodiaban la puerta. Tras abrir un agujero en la parte de atrás, entraron sigilosamente en ella.

El gran sultán roncaba a pierna suelta en mitad de su lecho. Los ojos se le abrieron como platos cuando Juan le tapó la boca.

–Señor, ni se le ocurra gritar –susurró el capitán.

Solimán se calmó enseguida. Intuía que los dos desconocidos no iban a hacerle daño. Sin esperar más, Garcilaso tomó la palabra.

–No temáis. Admirable Solimán, señor del ejército turco, venimos a pedirte clemencia para el pueblo de Rodas –dijo, haciendo una reverencia.

–¿Quiénes sois? –preguntó Solimán, todavía un poco dormido.

–Somos los caballeros Juan Boscán y Garcilaso de la Vega, soldados al servicio del buen rey don Carlos de España. Acudimos aquí para auxiliar a los caballeros cruzados –respondió el toledano.

–¿No entendéis que mi obligación es conquistar este lugar? Resulta inadmisible retroceder –afirmó el sultán con el rostro levantado.

–En tal caso, os proponemos un trato –planteó Garcilaso.

Los dos amigos sabían que Rodas no podría resistir mucho tiempo más. Garcilaso intentó persuadir a Solimán de que dejase salir de la ciudad a todos sus habitantes. De esta manera los turcos tomarían posesión de la isla sin derramar una gota de sangre.

El sultán escuchó con atención las razones del joven. Deliberó consigo mismo durante unos segundos y respondió con solemnidad.

–Sois dos guerreros muy valientes. Si no fuera porque estáis junto al rey Carlos, os ofrecería un puesto de privilegio en mi palacio de Estambul. Habéis arriesgado vuestro pellejo para salvar la vida de muchas personas. Acepto la propuesta de paz.

La noticia corrió de boca en boca como un relámpago. Se había firmado la paz aunque a un alto precio. Los ciudadanos de Rodas se mostraban muy tristes por tener que abandonar su tierra. Los dos caballeros los animaban con la promesa de un futuro mejor en España.

–No os preocupéis, que allí tendréis la oportunidad de vivir sin penurias. El rey os protegerá.

En pocos días, la comitiva cristiana estaba lista para partir de Rodas. Solimán ordenó a sus soldados que custodiaran a los cruzados para que no les ocurriera nada. Una larga hilera de personas y animales unió la fortaleza con el puerto de la isla como si se tratara de una gran serpiente.

4

MATRIMONIO DE CONVENIENCIA

En el camino de vuelta, Juan observó que Garcilaso estaba alicaído. Apenas hablaba y le faltaban las ganas de comer.

–Es imposible vencer en todas las batallas. Anímate, que queda mucho por delante –le decía su amigo.

Sin embargo, varias cosas rondaban por la cabeza de nuestro valiente espadachín. En Rodas, Garcilaso había descubierto que en la vida no siempre se gana, que a veces es necesario renunciar a lo que más deseas con tal de conseguir lo mejor para los demás. Además, sentía una vaga melancolía que no sabía explicar.

Una tarde tranquila, los caballeros se reunieron junto a *Apolo* para charlar un rato.

–¿Qué piensas hacer cuando regresemos? –le preguntó Juan.

–No lo sé. Supongo que el rey decidirá mi próximo destino –respondió Garcilaso con un poco de congoja.

–Yo lo tengo más claro. Antes de volver a la corte, Carlos me ordenó que reclutara más soldados en Valencia, por lo que no nos veremos durante una temporada –confesó Juan algo disgustado.

–Vaya, pues es una pena –dijo Garcilaso.

En ese momento, ambos repararon en que, desde que se conocieron, no habían pasado más de una semana alejados. La despedida en Barcelona fue muy dura.

–Te escribiré a menudo –prometió Boscán.

–Contestaré siempre –dijo Garcilaso al abrazar a su amigo.

Apesadumbrado, Garcilaso salió al galope del puerto, ya que debía llegar a Toledo antes que nadie para ofrecer al rey las novedades. Alcanzó Toledo en dos días. *Apolo* resoplaba exhausto cuando entraron por el patio del palacio. Los cortesanos lo acogieron inmediatamente con aplausos y gritos de júbilo, y el propio Carlos salió a recibirlo.

–Eres veloz como una gacela, querido Garcilaso de la Vega –exclamó el rey entre risas.

–Señor, no traigo buenas noticias del campo de batalla –dijo el joven un poco avergonzado.

–No es necesario que te disculpes. Mis embajadores me informaron que conseguiste salvar a todos los habitantes de la isla. Eso es lo más importante –contestó Carlos.

–El asedio casi acabó con nosotros –afirmó Garcilaso.

–¡Solimán ha ganado esta vez, pero ya habrá otras donde nos enfrentemos cara a cara! –gritó el rey.

Después de dejar a *Apolo* en los establos ante una montaña de heno fresco, su alimento favorito, se dispuso a visitar a sus padres. Se alegraron mucho de ver a su hijo y encargaron una rica comida para celebrarlo.

Garcilaso permaneció allí unos cuantos días. Les habló de Juan Boscán, de los caballeros cruzados, de su peripecia en la isla y del

El rey Carlos I de España, y luego también emperador de Alemania.

recibimiento tan magnífico que había tenido tras su vuelta a Toledo.

–Estamos muy felices. Parece mentira que hayas crecido tan deprisa –aseguró su madre emocionada.

El rey deseaba que Garcilaso permaneciera en la capital. Tenía varios planes para él. Un atardecer, al terminar la jornada, le pidió que lo acompañara en su paseo rutinario por los jardines del palacio.

–Garcilaso, voy a nombrarte regidor de Toledo. Eres el mejor caballero a mi servicio y creo que sabrás administrar a la perfección esta ciudad.

El joven se puso tan blanco que provocó las carcajadas del rey.

–¡Tranquilo, que lo vas a hacer genial! Conoces la ciudad como la palma de tu mano y todo el mundo te quiere bien aquí.

Garcilaso pensó al instante en escribir una carta a Juan para contarle la decisión del rey. Con la respuesta, descubrió que las cosas en Valencia iban fenomenal. Boscán había conocido a Ana, una muchacha muy guapa e inteligente, y se habían hecho novios de inmediato.

Gracias al nuevo cargo municipal, Garcilaso cambió bastante sus costumbres. No dedicaba tanto tiempo a los ejercicios con la espada y podía leer con más frecuencia. También era invitado a los bailes de salón del palacio real, donde acudían los jóvenes miembros de la corte.

Durante una de esas noches conoció a Elena Zúñiga, doncella que trabajaba al servicio de Leonor, la hermana pequeña del rey. Entre todos los chicos de la fiesta, Elena se fijó en Garcilaso, quien se había dejado la barba por seguir la moda de la época y estaba muy elegante con su traje rojo.

–Hola, ¿cómo estás? –se presentó Elena.

–Un poco incómodo. Estos zapatos nuevos me están matando –dijo Garcilaso con gesto de dolor.

–Bueno, eso tiene remedio. Yo, cuando nadie me ve, me descalzo debajo de la mesa y estiro los pies para aliviarme.

–Vaya, tú sí que sabes... Me presentaré: soy Garcilaso de la Vega, caballero y regidor de esta ciudad.

–Yo me llamo Elena y acabo de llegar de Alemania. Encantada de conocerte.

Garcilaso y Elena coincidieron más adelante en palacio. Como no eran muy buenos bailarines, aprovechaban cada momento para contarse sus historias. Él le hablaba de sus aventuras pasadas, que empezaba a añorar. Ella prefería describirle la vida en la corte alemana, donde había estado junto a Leonor, y las cosas que haría en el futuro.

Los dos descubrieron su afinidad. Cuando el trabajo se lo permitía, daban paseos en barca por el río Tajo o leían poesías a la sombra de los árboles.

En ocasiones, Carlos y Leonor cuchicheaban sin que nadie les viera.

–¿Verdad que hacen una buena pareja? –insinuaba ella.

–Pues tienes razón –asentía su hermano.

En aquel entonces, el rey disponía de poder ilimitado para dirigir el futuro de sus caballeros. Carlos pensó que Garcilaso necesitaba una esposa y era la oportunidad adecuada: tenía un cargo público importante, no era nada feo y debía asegurar su descendencia.

Al percatarse de lo que el rey le proponía, Garcilaso dio un respingo hacia atrás.

–Pero, señor, soy muy joven todavía.

–Lo sé, pero es necesario que pienses en el mañana. ¿Querrás tener hijos, no? –preguntó el rey.

–¿Hijos? –exclamó sorprendido Garcilaso.

–Ya no eres un crío y debes comportarte como un noble cortesano, caballero De la Vega –afirmó Carlos.

Garcilaso recordó, en ese instante, el mismo tono de voz que utilizaba su padre para reñirle. Lo que más le fastidiaba de aquello es que él no estaba enamorado. Además, tenía miedo de casarse por obligación.

–Señor, ahora mi corazón no tiene dueña –comentó.

–¿Seguro que no existe una joven que lo ha conquistado? ¿Qué me dices de Elena? –sugirió el rey.

Garcilaso se dio cuenta de que habían decidido por él. Elena representaba la mejor de las amigas, pero no existía amor entre ellos. Carlos había interpretado mal los signos de su cariño y le imponía un matrimonio de conveniencia.

–El futuro de un hombre está ligado al de una mujer. Elena forma parte del séquito de mi hermana y sus padres tienen muchas posesiones en Castilla. Piénsalo bien –concluyó el rey.

Garcilaso se asustó por lo que se le venía encima. Buscó auxilio en la correspondencia con Juan, quien, lejos de ayudarlo, le revolvió las ideas un poco más: hay que seguir los dictados del alma, le aconsejó, pero jamás desobedecer al rey.

Elena también estaba muy confusa. A ella le gustaba Garcilaso, pero no pretendía forzar nada sin su consentimiento. Sabía que el deber de ambos era acatar la decisión del rey y eso le hacía sufrir.

–No deseo que pierdas ni tus privilegios ni el favor de Carlos por mí –dijo entre lágrimas.

Finalmente, Garcilaso entendió que la boda era inevitable. Habló con Elena, la tranquilizó y le propuso casarse con él. La muchacha le preguntó muchas veces si estaba convencido.

–Creo que vamos a ser muy felices. Es sólo cuestión de intentarlo –aseguró el joven.

Para agilizar los preparativos, todos los amigos y familiares de la pareja colaboraron. Hasta el rey ofreció la capilla del palacio real para celebrar la ceremonia.

Un ambiente de alegría y fiesta presidió la boda. Entre risas, los compañeros soldados de Garcilaso llenaron de lazos de seda a su caballo *Apolo*, encantado de verse tan atendido. Los invitados brindaron una y mil veces por la felicidad de los esposos, quienes confiaban en que el amor llegase cuanto antes.

5

ENCUENTRO INESPERADO

La vida continuaba apacible para el joven regidor. Después de pasar una temporada en el palacio de los padres de Garcilaso, la pareja compró una casa en las afueras de la ciudad y se instaló allí.

La tranquilidad que le transmitía Elena le permitió, por fin, empezar a escribir. Al principio cogía poco la pluma. Componía pequeños poemas basados en escenas de caballeros y princesas que luego ella leía con seriedad.

–Mis versos no son tan buenos para que los recites tan solemnemente –decía el aprendiz de poeta, muerto de risa.

Un día, Garcilaso recibió noticias de parte de Juan Boscán. Le comunicaba que se disponía a pasar sus vacaciones en Toledo. Se había casado con su novia valenciana y andaban muy felices los dos juntos.

Con la llegada de Juan a la capital, los amigos revivieron un montón de aventuras. Las esposas se lanzaban una mirada cómplice cada vez que empezaban a escenificar las batallitas del pasado.

–Vámonos, anda, que estos dos caballeros andantes han vuelto a sacar el mismo tema de siempre. ¡Qué aburrimiento! –le aconsejaba Elena a Ana.

Como no podía ser de otra manera, el rey Carlos también planeaba su matrimonio. Tardó meses en recorrer varios países europeos en busca de su princesa ideal. Fue muy cerca, en Lisboa, donde la encontró. Isabel, la hija más hermosa del rey de Portugal, le conquistó a la primera.

Carlos ordenó que se preparara la boda en España para la primavera. Eligió Sevilla porque

Toledo vista desde
los cigarrales.

le parecía un lugar seco y soleado. Quería asegurarse que los invitados no se mojaran por la lluvia en un día tan importante para el reino.

Y allá partió toda la corte, con nuestros personajes detrás. El enlace ya se estaba festejando en el momento en que la comitiva cruzó las murallas. Las campanas de las iglesias redoblaban con jolgorio mientras el pueblo sevillano llenaba las calles y las plazas. Al paso de los carruajes, lanzaban flores y gritaban piropos a los novios.

Llegó la hora de los regalos. Garcilaso pensó que no habría mejor ofrenda para los reyes que un poema dedicado a su memoria. Entre Juan y él acabaron rápidamente unos versos que mandaron reproducir en una imprenta cercana.

Al presentárselo, Carlos e Isabel se sorprendieron por la perfección del poema.

–Esposo mío, debes certificarme que Garcilaso y Boscán nunca van a dejar de escribir. Por lo que se ve, manejan la pluma tan bien como la espada –afirmó la reina con una sonrisa.

Como agradecimiento, los dos caballeros se encargaron de acompañar a la pareja en el viaje a Granada, donde pasarían su luna de miel. Hacía tiempo que Carlos quería conocer esta bella ciudad, que fue la última conquista de sus abuelos, los antiguos reyes Fernando e Isabel.

Garcilaso y Boscán aprovecharon para pasear por los hermosos rincones del palacio de la Alhambra. Sus conversaciones se centraban con frecuencia en la poesía.

–He leído los poemas que me dejaste y puedo decir que están muy bien –le comentó Boscán una tarde.

–¿De verdad lo crees? Sin embargo, yo no estoy contento del todo –respondió Garcilaso.

–¿A qué te refieres?

–Bueno, mis poemas se basan en temas sencillos: el príncipe y su enamorada, los problemas de un caballero y se acabó. Me he acostumbrado a escribir sólo en octosílabos y no salgo de ahí.

–Vaya, es que el verso de ocho sílabas es el que se ha usado toda la vida. Desde los viejos poetas castellanos, nadie en España ha intentado experimentar otras cosas.

Los dos andaban pensativos bajo los árboles del palacio cuando Juan tomó la palabra.

–A lo mejor puedo darte algunas ideas. Respecto al asunto de los temas, yo prefiero escribir sobre la realidad que tengo más próxima: el amor que siento por Ana, la paz que despierta en mí la naturaleza, los personajes mitológicos sobre los que leo...

–¿Personajes mitológicos? –preguntó extrañado Garcilaso.

–Claro, los mitos. En las aventuras de los dioses griegos hay cientos de historias que reflejan todas las virtudes y defectos de los hombres. Hasta ahora muy pocos poetas los han utilizado.

–Puede resultar.

–Además, los poetas en Italia han empezado a componer sus obras en versos de once sílabas, los endecasílabos. Existe una estrofa novedosa, el ◆ soneto, que está muy de moda. Inténtalo.

Garcilaso se quedó con los consejos de Boscán en la cabeza, ya que confiaba mucho en el criterio de su gran amigo.

Pasados unos días, muy a su pesar, el regidor tuvo que volver a Toledo. Sus obligaciones en el ayuntamiento lo reclamaban. Elena y él se despidieron de los reyes, de Juan y de Ana, y recogieron a *Apolo* de los establos.

Al cabo de un tiempo un mensajero llamó a la puerta de la casa de Garcilaso y Elena.

–Señor, le entrego una carta urgente de parte del caballero Juan Boscán –le dijo, tieso como un palo.

Garcilaso abrió el sobre con duda y regocijo. Mientras desplegaba el papel se preguntaba qué era aquello tan importante que su amigo tenía que explicarle.

Leyéndolo descubrió que Juan había tenido un encuentro decisivo, pues el rey Carlos había convocado una reunión de diplomáticos europeos en Granada y el embajador de la república de Venecia, llamado Andrea Navagero, se le había acercado en un descanso y ambos habían charlado animadamente.

Tras conocer el interés de Juan por las letras, Andrea le confirmó lo que él le había apuntado a Garcilaso. Los poetas que preferían escribir en sonetos estaban arrasando en toda Italia. Asimismo, le informó que una ola de gusto por el arte clásico había invadido el país. Se decía por doquier que esta tendencia constituía un verdadero ◆ renacimiento de la Antigüedad griega y romana.

Garcilaso entendió de repente que debía cambiar las ideas y las formas de su escritura poética. Algo le decía que aquélla era la señal que había estado esperando desde siempre.

6

ISABEL

Garcilaso y su esposa se desayunaron una mañana con una noticia estupenda: los reyes regresaban a Toledo.

Se lo habían pasado de maravilla durante la luna de miel en Granada, pero había asuntos en la capital que no podían esperar más.

Como era habitual, se reanudaron las fiestas y los bailes en el palacio real. Boscán acordó encontrarse con Garcilaso una de esas noches.

–Nos vemos en las escaleras del patio. Así no nos perderemos entre tanta gente –le advirtió Juan.

A la hora convenida, Garcilaso se presentó en el palacio. Elena no pudo acompañarlo, ya que estaba con un gripazo tremendo. La pobre debía guardar cama.

Para distraerse, el joven estaba contando versos con los dedos, que era una costumbre que había adquirido desde que componía de cabeza sus poesías. Una mano en el hombro lo sacó de su descuido.

–Disculpe, caballero. ¿Puede decirme dónde se encuentra el salón de baile? –le preguntó una voz femenina con acento portugués.

Garcilaso se giró. Tenía delante de sí a la chica más increíble que había visto jamás. Su cabello era dorado, los ojos de un azul clarísimo y las mejillas coloradas contrastaban con el resto de su piel, de una blancura perfecta.

–¿Le ocurre algo? –dijo la joven al observar que Garcilaso no cerraba la boca.

–No, discúlpeme. Debe girar en la esquina a la izquierda. No tiene pérdida –respondió él.

–Gracias, sois muy amable –se despidió ella.

Juan y Ana llegaron en el instante en que se alejaba la muchacha desconocida. Boscán aprovechó la situación para revelar su identidad.

–Ya veo que conoces a Isabel.

–¿Isabel? No sé a quién te refieres –dijo Garcilaso.

–¿Cómo que no? Es la joven con la que estabas hablando ahora mismo –afirmó Juan con seguridad.

–¿De quién se trata? –continuó su amigo.

–Es Isabel Freyre, la primera doncella de la corte. Empezó a trabajar cuando la reina todavía vivía en la corte de su padre, el rey de Portugal. ¡Muchas mujeres pagarían en Toledo por poseer la mitad de su belleza! –dijo riendo Boscán al ver la cara de enfado de Ana, su buena mujer.

Embobado por su atractivo, Garcilaso intentó saber más cosas de Isabel. Se pasó la mitad de la fiesta de un lado para otro, deambulando por las esquinas como un alma en pena. El muy tontorrón se escondía cada vez que sus miradas se cruzaban.

Nuestro distraído héroe continuaba pensando en Isabel al llegar a casa. Antes de acostarse se fue directo al escritorio para terminar unos versos que le había compuesto durante el regreso de la fiesta.

Isabel Freyre, la dama de la que Garcilaso quedó prendado.

Elena se extrañó del comportamiento de su esposo a partir de aquel día. Llegaba tarde a su trabajo en el ayuntamiento y se olvidaba constantemente de lo que debía hacer.

Para sus adentros, Garcilaso no dejaba de pensar en Isabel. Su imagen se le dibujaba en cualquier sitio, como si fuera un espejismo. Había sido encantado por la más linda de las cortesanas.

Otro tema era el modo en que Isabel vivía esta situación. Recién llegada a Toledo, un ejército de pretendientes y moscones la habían asaltado. Estaba harta de que todo el mundo la alabara por su hermosura y no por la profunda inteligencia que poseía, que nadie, excepto la hermana del rey, Leonor, había descubierto.

Leonor la tranquilizaba cuando acudía a ella en busca de consuelo.

–Todos los hombres son iguales. No te agobies por el acoso de estos gallitos españoles. Eres libre para escoger tu amor.

Sin aviso previo, Isabel empezó a recibir poemas de un desconocido. Se imaginó en seguida que tendrían que ser obra del mejor poeta de la ciudad y decidió pedirle cuentas.

–He de hablar contigo, Garcilaso –le comentó una tarde.

–Claro, ¿qué sucede? –respondió nervioso al ver que Isabel le tuteaba.

–Alguien me está remitiendo una pila de versos de amor sin firmarlos y quería preguntarte si sabes algo al respecto –dijo Isabel con firmeza.

–Pues la verdad es que... son míos –confesó Garcilaso, rojo de vergüenza.

Antes de que se escandalizara, el poeta le suplicó que lo perdonara si con aquel gesto la había molestado. Garcilaso aclaró que no deseaba cortejarla, ya que estaba casado con Elena y era muy feliz junto a ella.

–¿Qué es lo que pretendes entonces?

–Algo muy sencillo que tiene que ver con la poesía. Cuando te vi por primera vez, tu rostro me recordó al de una diosa griega que está impreso en un libro de mi biblioteca. Por eso no he podido resistirme a enviarte los mejores sonetos y canciones que he compuesto.

–O sea, que soy para ti como una especie de ◆ musa, ¿no? –replicó ella.

–Exacto. Tu recuerdo me ayuda a escribir con mi pluma los sentimientos que cualquier persona puede llegar a tener sobre el amor, la belleza o la alegría.

Tras la aclaración, Garcilaso no se volvió a esconder para encontrarse con Isabel. Se dio cuenta que era una muchacha muy sencilla y divertida, de noble corazón. En el fondo ella también le estaba agradecida por haber encontrado a un amigo de verdad. De vez en cuando Garcilaso le dedicaba algún verso más y los dos se partían de risa al recitarlo en voz alta.

Isabel finalmente se enamoró de un joven noble y se marchó de Toledo con la intención de casarse. Nadie supo explicar entonces por qué Garcilaso estuvo afligido durante meses. Sólo él era consciente de que su musa le había abandonado.

7

DESCUBRIMIENTO DE ITALIA

A comienzos del invierno, el rey Carlos y Garcilaso recibieron la noticia más importante de su vida: los dos iban a ser padres.

El rey convocó con celeridad al regidor de Toledo para que participara de su alegría.

–¡Se llamará Felipe, como su abuelo! –exclamó el rey Carlos lleno de orgullo.

–Pues Elena y yo hemos decidido que se mantenga la tradición familiar: le pondremos de nombre Garci.

Las jornadas pasaron veloces. Sin tener tiempo de disfrutar del nacimiento de su hijo, Garcilaso fue informado de que debía ser relevado de sus funciones.

La razón era que Carlos tenía que coronarse emperador en Italia. Algunos monarcas europeos, entre ellos su cuñado el rey Francisco de Francia, habían optado a este gran título. Sin embargo, únicamente podía haber un emperador y sería el rey español.

Carlos avisó a sus principales caballeros, incluido Garcilaso.

–Señores, en un plazo breve hemos de partir hacia Bolonia, donde el papa me impondrá la corona de emperador. Prepárense y digan adiós a Toledo –dijo el rey con el rostro muy serio.

Carlos comunicó aparte a Garcilaso que deseaba disponer de sus servicios en el extranjero.

–Además, puedes utilizar nuestra visita para zambullirte en el ambiente cultural y artístico de Italia.

Por un lado, Garcilaso estaba triste al tener que abandonar el sitio donde había nacido y donde residían los suyos. Por otro, le entusiasmaba la posibilidad de vivir, aunque fuera por unos meses, en el país que más admiraba, la cuna del saber clásico y de la poesía.

Con abrazos y lágrimas, la comitiva real dejó Toledo a principios de la primavera.

Antes de subirse a su fiel *Apolo*, Garcilaso encargó a Elena que mandase una carta a Juan Boscán para anunciarle que atravesarían Barcelona de camino a Bolonia.

Nuestro poeta se alojó en casa de Juan y Ana mientras se pertrechaban los barcos en el puerto. Boscán había conseguido permanecer en la capital catalana por orden de Carlos y cada día era más dichoso junto a su esposa.

–Tienes mucha suerte de participar en la coronación. Italia es el centro mundial del arte –afirmó Boscán.

Como muestra de amistad, Garcilaso le confió la mayoría de los poemas que había escrito desde que quedó convencido por el nuevo estilo. Sacó un buen fajo de papeles de las alforjas y se los entregó para que hiciera las correcciones oportunas.

–Guardaré tus escritos hasta que regreses, amigo mío.

Soplaba un fuerte viento cuando la flota salió de Barcelona. Los soldados ayudaron a los marineros a apuntalar bien las velas para que los navíos volaran sobre las olas. En un santiamén, el rumbo estaba fijado hacia el noreste.

La travesía duró menos de lo esperado. Al descender de la nave capitana, los reyes fueron escoltados hasta Bolonia por unos cuantos caballeros, con Garcilaso a la cabeza.

Se dirigieron como una centella al palacio más suntuoso de la ciudad. En este lugar cercano a la catedral se alojarían todos, a la espera que el papa decidiese la fecha de la coronación del emperador.

–Estoy inquieto por la ceremonia. Hasta que llegue, tienes permiso para dedicarte a la poesía –le ordenó Carlos.

Garcilaso cogió su pluma preferida y empezó a escribir. Bolonia era una villa preciosa, llena de obras de arte. Cada edificio o escultura que veía le transportaba a otra época, al tiempo de los dioses antiguos. Inspirado, compuso rápidamente un puñado de sonetos y églogas que corrían de boca en boca entre sus recientes amigos italianos.

El más osado era Tiziano, un pintor de Venecia muy famoso. Los reyes lo habían contratado para que pintase varios retratos y siempre caminaba orgulloso, despreciando a los soldados de la corte.

A pesar de esto, fijó su atención en Garcilaso gracias a su recia figura y a su profundo amor por las letras. Después de largas sesiones de trabajo, Tiziano llamaba a voces a su amigo para conducirlo a las tabernas más frecuentadas. Allí brindaban con vino tinto y disfrutaban de generosos platos de pasta mezclados con un curioso condimento de carne y tomate: la salsa boloñesa.

–¡En cuanto tenga listo el cuadro de los reyes, voy a inmortalizar al poeta más famoso de España! –juraba Tiziano en voz alta para que todos le escucharan.

Entre poemas y diversiones llegó el momento de la coronación. Los reyes se vistieron con sus mejores galas. Todos los miembros de la corte, los embajadores extranjeros y el pueblo de Bolonia salieron a la calle para no perderse el espectáculo.

Desgraciadamente la alegría duró muy poco para los españoles. Mientras se celebraba la fiesta, un mensajero trajo informaciones nada tranquilizadoras desde Florencia:

Tiziano, pintor de reyes.

Francisco, el rey de Francia, enfadado por no haber conseguido ser emperador, había invadido la ciudad.

–¡No debemos permitir esta intromisión! ¡Garcilaso, te hago responsable de mis tropas! –exclamó Carlos, rojo de ira.

El ejército abandonó Bolonia en un abrir y cerrar de ojos. Resultaba gracioso ver cómo los caballeros todavía tenían migas de pastel en sus barbas. Para evitar que las bromas se extendieran, Garcilaso vociferó.

–¡Mantengamos la disciplina, caballeros! ¡El pueblo florentino espera nuestro auxilio!

Apolo trotaba al principio de la columna con el ánimo de un potrillo. Tenía ganas de conducir a su amo hacia una aventura desconocida. Echaba en falta los campos de Toledo e intuía que la acción no tardaría en llegar.

Después de dos días de viaje, el ejército del emperador divisó en el horizonte las murallas de Florencia. La primera dificultad con la que se topó fue una empalizada de troncos y ramas que los franceses habían levantado a modo de trinchera.

Garcilaso dispuso que algunos soldados colocaran bolsas de pólvora a lo largo de la barrera. Se le había ocurrido un truco para superar el obstáculo.

–¡Retiraos en seguida y esperad la orden de avanzar! –exclamó.

En el mismo instante en que dieron el primer paso, los arqueros franceses dispararon desde lo alto una batería de flechas que prendió en la empalizada.

Como Garcilaso había presentido, el rey Francisco intentaba detenerlos antes de que asaltaran el muro. No reparó en la estratagema del joven capitán: el fuego hizo arder la pólvora y las explosiones destruyeron el cerco en mil pedazos.

Las tropas imperiales empezaron a controlar las puertas de Florencia. Lo único que necesitaban era descubrir el punto débil del enemigo. Garcilaso mandó situar el campamento en forma de anillo, de manera que nada ni nadie entrara o saliera de allí sin su conocimiento.

Garcilaso recurrió entonces a la experiencia para resolver la batalla a su favor.

Recordó cómo el turco Solimán había vencido la resistencia de los cruzados en Rodas cuando les agotó cortando los suministros de agua y comida.

Ahora era él el que dominaba el perímetro de la fortaleza italiana. Además, los guerreros franceses no estaban en su país y la pasta con picadillo les provocaba incesantes ardores de estómago. Muchos cocineros florentinos, al percatarse de ello, sólo les servían este plato para comer y cenar.

A las tres semanas, la bandera blanca ondeaba en las torres de Florencia. El ejército francés se había rendido. Garcilaso, sin demora, ocupó las principales calles de la ciudad y custodió a los prisioneros. El capitán francés se le acercó para hablarle.

–*Monsieur*, aquí tenéis mi espada como símbolo de nuestra derrota –dijo con la cabeza baja.

–El ejército del emperador Carlos no busca la humillación de Francia. Decidle al rey Francisco que no vuelva a entrometerse en nuestros asuntos y que acepte la realidad –respondió firme Garcilaso.

El caballero toledano devolvió el arma a su rival. Al mismo tiempo, permitió que los pobres franceses, débiles por el hambre y los dolores de tripa, regresaran a su tierra sin ningún tipo de represalia.

Florencia quedó libre y sus ciudadanos lo festejaron. Incluso consiguieron que los soldados españoles se sintieran como en casa.

Garcilaso había enviado una carta al emperador confirmándole la victoria. También le pidió autorización para visitar Florencia con más tranquilidad, ya que su amigo Tiziano le había advertido que se trataba de uno de los lugares más hermosos del mundo.

El pintor veneciano no se equivocaba. Un sentimiento de honda emoción hizo que Garcilaso se estremeciera mientras caminaba por los pasillos de la catedral, que tenía casi un siglo, al igual que en el puente Viejo o en los museos, todos repletos de maravillosas obras de arte. Sobre todo, le embelesó la figura del David tallada por las expertas manos del gran ◆ Miguel Ángel.

–Es tan bello como un dios griego –se dijo a sí mismo delante de la estatua.

8

DE NÁPOLES A TÚNEZ

La única ocasión en que el famoso caballero Garcilaso de la Vega perdió el favor del rey fue con motivo de cierta boda. Libre de los franceses la ciudad de Florencia, nuestro héroe regresó a Toledo para responder a la llamada de su hermano Pedro. Después de años de distanciamiento, los dos se llevaban a la perfección, tanto que Pedro rogó a Garcilaso que fuera el padrino en el matrimonio de su hijo mayor.

Si recordáis, Pedro había participado en la revuelta de los comuneros contra el rey. Eso era bastante para que un caballero imperial como Garcilaso no pudiera participar en ningún acto público relacionado con los antiguos rebeldes castellanos.

Varias voces amigas aconsejaron al poeta que no interviniera en la boda, pero finalmente se decidió.

–A mi sobrino le hace mucha ilusión. Además, conozco al rey Carlos desde que era un chaval y no se enfadará –pensó.

Cuando el rey se enteró, montó en cólera. Le pareció que Garcilaso había abusado de su confianza. Con prisa, dictó una orden a su secretario para que detuviesen al audaz caballero.

Ante Carlos, Garcilaso aceptó la culpa y esperó su castigo sin inmutarse.

–No puedo tolerar la desobediencia. Partirás a Ratisbona, en Alemania, donde vivirás preso en una de las islas del río Danubio.

Disgustado por la inflexibilidad de su señor, el caballero preparó ropa de abrigo, libros y papel para encaminarse al exilio. Su familia estaba muy asustada, pero él lo tenía bastante claro.

–En el instante en que el rey recapacite, seguro que se arrepiente –les explicó.

Durante su estancia en la isla, descansó como un bendito, ya que estaba fatigado de tanto viaje y tanta batalla. Además, contaba con tiempo para escribir a sus anchas. Cada semana enviaba una carta a Elena y otra a Barcelona, a casa de Boscán, con nuevos poemas. También se hizo amigo de un barón muy simpático que lo visitaba los días de fiesta y le traía noticias de España.

Tuvo que ser otro noble el que decidiera la suerte de Garcilaso. Pedro de Toledo, el virrey de Nápoles, suplicó al monarca el levantamiento del castigo. Necesitaba con urgencia capitanes que reforzaran las posiciones del emperador en Italia, amenazadas por el avance del turco Solimán.

De esta manera, Garcilaso volvió a pisar tierras italianas. El virrey lo recibió con los brazos abiertos.

–¡Bienvenido al reino de Nápoles! Aquí os hallaréis como en la corte española.

No le faltaba razón. Esta ciudad del sur de Italia se había convertido en un foco cultural que atraía a una marea de escritores e intelectuales. Muchos de ellos llegaban allí para descubrir las novedades del Renacimiento.

En las tertulias que se convocaban por las noches se discutía sobre todo lo humano y lo divino. Garcilaso disfrutaba con la conversación de un tal Bernardo Tasso, uno de los poetas italianos más sabios. También le encantó conocer al pensador Juan de Valdés, recién llegado de España, quien le anticipó que el rey Carlos ya no estaba enfadado por el episodio de la boda de su sobrino.

Los aires napolitanos influyeron de manera positiva en sus ganas de componer. El contacto con otros hombres de letras le sirvió para pulir sus poemas, aunque seguía empeñado en reflejar temas amorosos y mitológicos.

Además tuvo tiempo de preparar un trabajo que Juan Boscán le había encomendado. Un editor había encargado a Juan que tradujera al castellano *El cortesano* de Baltasar Castiglione. Era un libro muy conocido en la época, puesto que en él se establecían las reglas de cómo ser el príncipe perfecto. De hecho, el rey Carlos se lo había aprendido en italiano de memoria.

Boscán le suplicó a Garcilaso que buscara información sobre esta obra en las biblio-

Juan Boscán y Garcilaso de la Vega, amigos desde siempre.

tecas napolitanas. Una vez acabada la investigación, pidió permiso al virrey y se dirigió a Barcelona para entregarle a su amigo todos los hallazgos. Pasó junto a Juan y Ana unos días, compartiendo con ellos la experiencia del breve destierro en Alemania y la divertida corte de Nápoles.

Como casi siempre, los amigos salieron de su placentera tranquilidad debido a un requerimiento del rey: todos los jefes del ejército debían acudir a Madrid con apremio.

–Numerosas ciudades del norte de África están siendo atacadas por los piratas de Barbarroja. Hemos de detenerlos antes de que amenacen nuestras costas –afirmó el rey.

Barbarroja era un nombre que hacía temblar a todos los marineros del Mediterráneo. Solimán lo había nombrado almirante de su armada y desde entonces se dedicaba a asaltar los barcos con bandera imperial.

–Los turcos han tomado Túnez. Llamaré a nuestros aliados para preparar el contraataque.

El propio emperador se puso al frente del ejército. La cosa no era para menos. Durante un año, los navíos de la flota se concentraron en el puerto de Barcelona, a la espera de la señal para el combate. Poco a poco, llegaron refuerzos de Portugal, Flandes, Génova y Nápoles.

Garcilaso y Boscán partieron en la misma nave a principios del verano. *Apolo* también seguía acompañando a Garcilaso, aunque habían transcurrido unas cuantas primaveras y ya no estaba tan ágil como antaño.

–Contemplando a mi caballo, me doy cuenta de lo rápido que pasa el tiempo –le comentó Garcilaso a Juan.

La flota aliada desembarcó una semana después en la costa africana. Ninguna fuerza se les opuso cuando iniciaron el avance hacia La Goleta, el castillo cercano a Túnez donde se refugiaba la hueste turca.

Antes de montar el campamento, los dos caballeros se adelantaron para convencer al emperador.

–Señor, Boscán y yo hemos meditado sobre la táctica a seguir. Creemos que es mejor apostar por un asedio pacífico. Sin alimentos ni víveres, Barbarroja se rendirá con rapidez –argumentó Garcilaso.

¡Los piratas atacan!

–Caballeros, os agradezco vuestra opinión, pero no estoy dispuesto a viajar cientos de kilómetros para sentarme a esperar. ¡Exijo una victoria fulminante!

Durante veinte jornadas, los soldados españoles embistieron con valor contra las murallas de La Goleta. Muchos fueron heridos y hubo un gran número de muertos. Garcilaso, a pesar de recibir una flecha en el costado izquierdo al principio de la batalla, siguió luchando junto a sus compañeros. Al final, la fortaleza cayó en poder del emperador, aunque Barbarroja logró huir hacia el mar.

El trayecto hasta Túnez constituyó un paseo triunfal. De repente, el pueblo salió a agasajar con agua y dulces a los españoles, agotados por el esfuerzo y por el implacable sol africano.

Boscán procuró que Garcilaso se recuperara cuanto antes. La herida se había infectado y sufrió una terrible fiebre que lo dejó inconsciente durante muchos días.

Cuando despertó, se inquietó al verse en una habitación desconocida.

–Estamos a salvo en Túnez. Por fortuna, hemos vencido a los turcos –le tranquilizó Boscán.

En agradecimiento a sus cuidados, Garcilaso compuso para Juan un soneto, de esos que sólo se escriben para los amigos auténticos.

9

LA ÚLTIMA BATALLA

La recompensa que recibió Garcilaso por su arrojo en la batalla de Túnez no le devolvió a Toledo. Todo lo contrario. Por disposición del emperador, fue ascendido de capitán a maestre de campo antes de marchar hacia su nuevo destino. ¡La guerra con Francia había estallado!

–Encárgate de que estas cartas lleguen a mi familia. Nos veremos muy pronto –le pidió a su amigo antes de despedirse.

Mientras Garcilaso se alejaba a lomos de *Apolo*, Boscán, que debía regresar a Barcelona, tuvo un mal presagio. Una sensación triste y oscura le recorrió el cuerpo, pero no supo explicarla.

El grueso del ejército imperial se encaminaba hacia los Pirineos a finales de septiembre. El enemigo había concentrado sus tropas en la región de Provenza, en la costa mediterránea de Francia, por lo que Carlos decidió plantarle cara allí.

Garcilaso estaba al mando de un grupo de soldados con los que había compartido otras campañas. Eran hombres jóvenes como él, valientes y muy experimentados. Sin embargo, cuando se les observaba de cerca, sus cicatrices reflejaban el sufrimiento provocado por innumerables combates. No había nada de gloria en aquellos cuerpos que se creían invencibles.

Nuestro caballero razonaba sobre tales asuntos de camino a la lucha. Tantos meses alejado de su hogar lo habían transformado. Ya no deseaba ni las victorias ni los laureles militares. A menudo se resguardaba en la soledad de su tienda para escribir poesías y meditar.

–¿Te acuerdas de cómo es el otoño en Toledo? –le susurraba continuamente a *Apolo*, acariciándole las crines.

Al entrar en Provenza, los españoles se dieron de bruces con el obstáculo de la fortaleza de Le Muy. Se trataba de un lugar inexpugnable. Sus gruesos muros de piedra habían resistido el empuje de más de quinientos ataques. Nadie se atrevía siquiera a acercarse, ya que los arqueros provenzales eran los más diestros de Europa.

–Señor, hemos estudiado la muralla y no tiene ni una fisura –informaron los exploradores a Garcilaso tras el estudio del terreno.

Resguardado por la oscuridad, Garcilaso se internó una noche en el campo francés. La luz de las antorchas dibujaba en las almenas la línea de las defensas enemigas. Pensó que el asedio directo era imposible, pero no el asalto a la zona más aislada del fortín: la torre de los vigilantes.

A la mañana siguiente, Garcilaso informó a los soldados del plan que había grabado en su mente.

–Algunos de vosotros entretendréis a los arqueros por medio de las catapultas. Mientras tanto, el resto me seguirá con las escalas para penetrar en la fortaleza a través de la torre –dispuso Garcilaso.

A la orden acordada, los españoles rodearon el castillo. En un principio, los defensores no se percataron de la artimaña, pero un vigía dio la voz de alarma en cuanto avistó los peldaños que sobresalían de la muralla.

Garcilaso, colérico por la resistencia francesa, se había adelantado a la formación y llegó el primero para ascender. En un olvido imperdonable, había dejado la armadura y el casco en un rincón de su tienda.

–¡Adelante, amigos, no nos detengamos! –gritó.

Nadie pudo evitar lo que aconteció en ese preciso momento. Desde arriba, una enorme roca fue lanzada contra la escala. Impactó de lleno en la cabeza de Garcilaso, quien cayó al suelo y perdió la conciencia.

Sin demora, lo llevaron en volandas al campamento español. Los médicos aconsejaron trasladarlo a Niza, una ciudad de la costa donde se había instalado el hospital militar. Su estado era muy grave y temían por su vida.

Durante tres días, Garcilaso libró su última batalla contra la muerte. Recuperó unas horas el conocimiento y pidió que situaran su cama de cara al sur.

–Toledo se encuentra en aquella dirección, donde me espera mi familia –decía señalando con el brazo.

Finalmente, reclinó su hermosa melena en la almohada y se durmió para siempre.

La dramática noticia corrió de boca en boca hasta la corte. Carlos lamentó la muerte de su mejor caballero con una amargura tan profunda que destruyó el castillo de Le Muy una vez conquistado. Al mismo tiempo, Elena y su descendencia quedaron bajo la protección del emperador, en eterna deuda por la generosa entrega de Garcilaso.

Transcurrieron varios años. Tras la muerte de su marido, Ana decidió imprimir la obra literaria de Juan Boscán, y como homenaje a su inseparable amigo, añadió a los textos de Juan los folios que Garcilaso de la Vega les había entregado poco a poco, que gracias a ella conocemos hoy.

Y hasta aquí llega nuestra historia, el fantástico relato de las aventuras y tribulaciones del único caballero que manejó, con igual destreza, la suavidad de la pluma y la fuerza de la espada.

FIN

ACTIVIDADES

preparadas por Antonio Espejo Trenas

EL CUADERNO

Carlos I.– El rey al que Garcilaso sirvió durante su azarosa vida fue uno de los hombres más importantes del siglo XVI. A pesar de gobernar en España, había nacido en Gante, una próspera ciudad de la región de Flandes, hoy situada en Bélgica.

Tuvo tanta suerte que con apenas veinte años regentaba un montón de países europeos. De su abuelo paterno Maximiliano heredó los territorios de Alemania, Austria, Flandes y Luxemburgo. Por otra parte, su madre, Juana, era hija de Isabel y Fernando, los Reyes Católicos. Estaba afectada por una enfermedad mental y tuvo que ceder el trono a su hijo, que asumió el dominio de las coronas de Castilla y Aragón, así como de Nápoles y las islas de Cerdeña y Sicilia.

Recordemos que con el descubrimiento de América por Cristóbal Colón en 1492 se había iniciado una serie de conquistas en el nuevo continente. Poco a poco, los antiguos pueblos americanos fueron anexionados por los españoles. En el caso de México, Hernán Cortés sometió a los aztecas, mientras que Francisco Pizarro venció a los indígenas en Perú.

Sin embargo, no todo fue coser y cantar para el joven rey. En cuanto llegó a España, se enfrentó a la insurrección de los comuneros, quienes no estaban de acuerdo con el poder absoluto del monarca. Desde varias ciudades castellanas se hizo un llamamiento para combatirlo, pero fueron derrotados por las tropas reales en las batallas de Olías, donde Garcilaso entró en combate, y Villalar. En Valencia ocurrió algo parecido con las Germanías, que tampoco consiguieron prosperar.

Respecto a la política en el extranjero, numerosos peligros esperaban a la vuelta de la esquina. El país que más intentó que disminuyera la hegemonía de España fue Francia. El rey Francisco I se había casado con una de las hermanas de Carlos, aunque eso no suponía un obstáculo para invadir constantemente los territorios españoles. Se enfadó tanto cuando su cuñado fue coronado emperador que, preso de la envidia, ordenó atacar Florencia.

Además, estaba la amenaza del imperio turco, dirigido por Solimán el Magnífico, el mismo sultán que había expulsado de la isla de Rodas a los caballeros cruzados. Para controlar las rutas comerciales por el mar Mediterráneo, Solimán había dispuesto una flota de piratas que atacaba con frecuencia a los navíos españoles. El más famoso de todos fue el temible Barbarroja.

Aunque muchos lo intentaron, el poder de Carlos no dejó de crecer y llegaron nuevas conquistas. Cuando su hijo Felipe subió al trono, todo el mundo decía que en los territorios españoles "jamás se ponía el sol", de lo extensos que eran.

Soneto.– Este tipo de estrofa fue la más utilizada en la poesía europea del siglo XVI. Garcilaso y Boscán fueron los que la pusieron de moda en España, aunque ya antes el marqués de Santillana había intentado escribir así.

Consiste en catorce versos de once sílabas, o endecasílabos, que se distribuyen en dos grupos de cuatro (cuartetos) y dos de tres (tercetos). Aunque en los tercetos puede variar, la rima responde generalmente a este esquema: ABBA, ABBA, CDE, CDE. Puedes comprobar su estructura en el soneto que Garcilaso compuso tras caer herido en la batalla de La Goleta, en Túnez.

Boscán, las armas y el furor de Marte, A
que con su propia sangre el africano B
suelo regando hacen que el romano B
imperio reverdezca en esta parte, A

han reducido a la memoria el arte A
y el antiguo valor italiano, B
por cuya fuerza y valerosa mano B
África se aterró de parte a parte. A

Aquí donde el romano encendimiento, C
donde el fuego y la llama licenciosa D
sólo el nombre dejaron de Cartago, E

vuelve y revuelve amor mi pensamiento, C
hiere y enciende el alma temerosa, D
y en llanto y en ceniza me deshago. E

El Renacimiento.– Antes de que Garcilaso viajara a Italia, en ese país se había producido una importante renovación en el mundo del arte y de la literatura. El nuevo movimiento, que empezó a dar sus primeros pasos en el siglo XV, proponía que el hombre debía ser la medida de todas las cosas. Era lo contrario a lo que había pasado durante la Edad Media, donde la figura de Dios significaba el centro del Universo.

El Renacimiento recibe este nombre porque recupera los ideales de la cultura clásica de Grecia y Roma. A los renacentistas les importa muy poco la historia medieval. En cambio, se lo pasan fenomenal imitando la arquitectura, la escultura y la literatura de los maestros antiguos.

Botticelli, Rafael, Miguel Ángel, Leonardo da Vinci o Tiziano, pintor al servicio de Carlos I, son algunos de los artistas más interesantes de aquella época. En el campo de la poesía, podemos señalar a Dante y Petrarca.

Junto a otros nombres como Fernando de Herrera, Fray Luis de León o Juan Boscán, Garcilaso de la Vega destaca entre lo mejor de la poesía renacentista española.

Las musas.– Según una antiquísima tradición de la mitología griega, vivían en los manantiales y propiciaban la inspiración de los músicos o poetas que allí se acercaban.

Más tarde surgió la leyenda de nueve musas protectoras para cada disciplina del saber: Calíope ayudaba a la poesía épica, Clío era la musa de la historia, Erato promocionaba la poesía amorosa, Euterpe protegía a los músicos, Melpómene era la musa de la tragedia, Talía amparaba a la comedia, Polimnia inspiraba a los matemáticos, Terpsícore amaba la danza y Urania controlaba los astros.

Cuando Garcilaso decide que Isabel Freyre sea su musa, está indicando que para él representa su fuente de inspiración.

Miguel Ángel.– El Renacimiento en Italia sería otra cosa si no hubiera existido Miguel Ángel. Practicó con maestría la arquitectura, la pintura y la escultura.

En su Florencia natal dejó una clara evidencia de su genialidad. A principios del siglo XVI esculpió el David, que hoy podemos contemplar en la Galería de la Academia. Años después preparó las esculturas de la tumba de los Médicis, la familia florentina más poderosa.

Miguel Ángel acudió a Roma para seguir trabajando en grandes proyectos. Gracias al contrato que le ofreció el papa Julio II creó obras tan extraordinarias como la estatua de Moisés y la basílica de San Pedro. Sin embargo, será recordado eternamente por las pinturas al fresco de la Capilla Sixtina del Vaticano, que incluyen escenas tan impresionantes como la Creación, el Génesis o el Juicio final.

¿Sabías que...?

Una vez fallecido en Niza, el cuerpo de Garcilaso no pudo parar tranquilo. Dio alguna vueltas por el mundo, como le había pasado cuando estaba vivo.

A pesar de que él había indicado en el testamento que quería descansar en el lugar donde muriese, su esposa Elena encargó dos años después que sus restos fueran trasladados desde Francia.

Pasaron tres siglos y pico. Las autoridades del gobierno español decidieron construir en Madrid un mausoleo para grandes héroes de la historia en la iglesia de San Francisco. Allá marchó de nuevo.

Finalmente, el Ayuntamiento de Toledo reclamó su regreso definitivo. A principios del siglo XX se le habilitó un espacio en la capilla del Rosario de la iglesia de San Pedro Mártir, la actual capilla de la universidad. Si viajas a esta magnífica ciudad manchega, observarás que encima de la tumba se colocaron dos estatuas. La de delante pertenece a la imagen evocada de Garcilaso, mientras que detrás se puso la de su hijo, enterrado junto a él.

Lee a continuación el bello soneto que Juan Boscán compuso a la memoria de su amigo.

Garcilaso, que al bien siempre aspiraste
y siempre con tal fuerza le seguiste,
que a pocos pasos que tras él corriste,
en todo enteramente le alcanzaste.

Dime: ¿por qué tras ti no me llevaste?
Cuando de esta mortal tierra partiste,
¿por qué al subir a lo alto que subiste,
acá en esta bajeza me dejaste?

Bien pienso yo que si poder tuvieras
de mudar algo lo que está ordenado,
en tal caso de mí no te olvidaras.

Que, o quisieras honrarme con tu lado,
o, a lo menos, de mí te despidieras;
o, si esto no, después por mí tornaras.

Y SI TODO ESTO TE HA SABIDO A POCO...

¿Tienes curiosidad por leer los poemas que Garcilaso compuso a lo largo de su vida? Entra en esta página y descubre hasta el testamento que dictó antes de morir:

http://es.wikisource.org/wiki/Garcilaso_de_la_Vega

Si en cambio prefieres descubrir más cosas sobre la biografía de nuestro valiente escritor, puedes acceder a este portal:

http://www.garcilaso.org/index.htm

La clave secreta

Ayuda a Garcilaso a recomponer su soneto encontrando la clave secreta. Para ello debes ordenar el número de cada uno de los versos para obtener los dos cuartetos y los dos tercetos correctos. Recuerda el tipo de rima que se utiliza para escribir esta estrofa, fíjate en los signos de puntuación y no te desanimes si no te sale a la primera.

(1) *y cuanto yo escribir de vos deseo;*
(2) *Escrito está en mi alma vuestro gesto,*
(3) *tan solo, que aun de vos me guardo en esto.*
(4) *vos sola lo escribisteis, yo lo leo*

(5) *de tanto bien lo que no entiendo creo,*
(6) *tomando ya la fe por presupuesto.*
(7) *En esto estoy y estaré siempre puesto,*
(8) *que aunque no cabe en mí cuanto en vos veo,*

(9) *por hábito del alma misma os quiero.*
(10) *Yo no nací sino para quereros;*
(11) *mi alma os ha cortado a su medida;*

(12) *por vos nací, por vos tengo la vida,*
(13) *por vos he de morir y por vos muero.*
(14) *Cuanto tengo confieso yo deberos;*

12 1

¿QUIÉN

Ahora que conoces un montón de datos sobre Garcilaso de la Vega, te proponemos que pongas un poco de orden en este "saco de personajes".

Lo que tienes que hacer es relacionar, por medio de flechas, cada uno de los nombres con su definición correspondiente. ¡Verás qué fácil es!

SOLIMÁN

ELENA

ANA

ISABEL FREYRE

CARLOS

APOLO

ISABEL DE PORTUGAL

TIZIANO

BOSCÁN

¿Quién es?

El mejor amigo de Garcilaso

La esposa del rey Carlos

Fue la bella musa de Garcilaso

Boscán se casó con ella

Temible sultán turco

Caballo favorito del poeta

La mujer de Garcilaso

Rey de España y luego emperador

Pintor de Venecia

LOS VIAJES DE GARCILASO

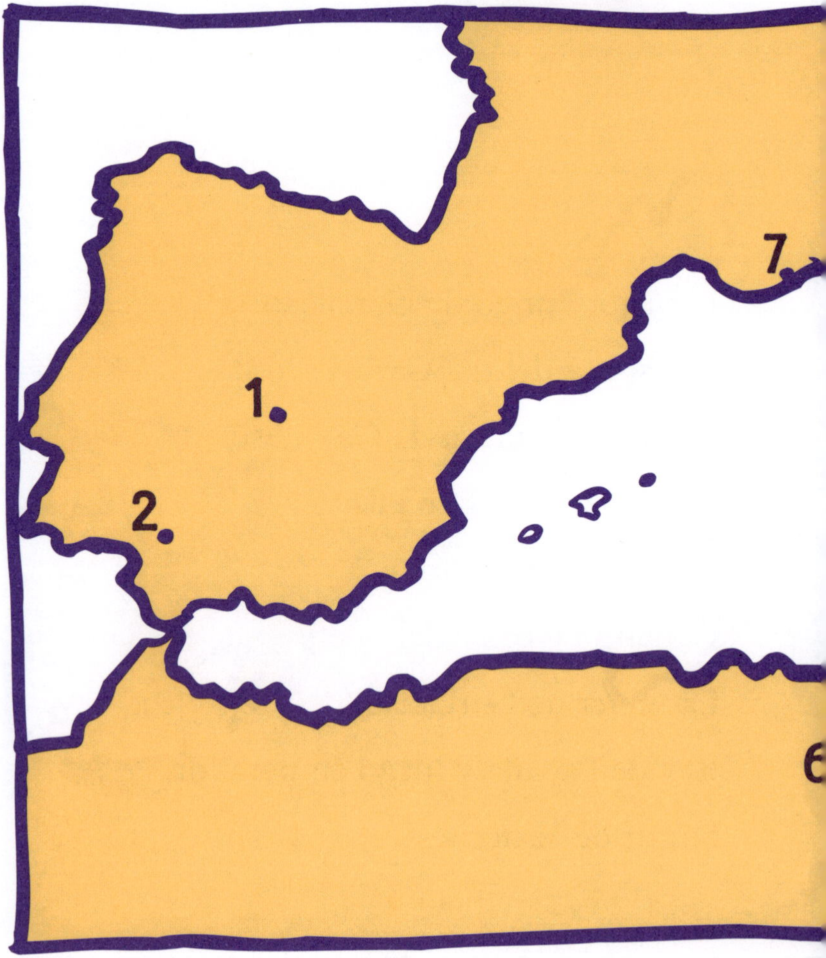

Como soldado al servicio del rey, Garcilaso tuvo que desplazarse por tierra y mar a varias ciudades en busca de aventuras. Ya sabes que residió en Bolonia, Sevilla, Rodas, Niza, Nápoles, Toledo y Túnez.

Intenta señalar dichos lugares en el mapa.

Soluciones:

La clave secreta

La respuesta es: 2–1–4–3 / 7–8–5–6 / 10–11–9 / 14–12–13.

¿Quién es quién?

–SOLIMÁN era el temible sultán turco.
–ELENA fue la mujer de Garcilaso.
–Boscán se casó con ANA.
–ISABEL FREYRE fue la bella musa de Garcilaso.
–CARLOS se convirtió en rey de España y luego en emperador.
–*APOLO* era el caballo favorito del poeta.
–ISABEL DE PORTUGAL fue la esposa del rey Carlos.
–TIZIANO era un pintor de Venecia.
–BOSCÁN fue el mejor amigo de Garcilaso.

Los viajes de Garcilaso

1. Toledo / 2. Sevilla / 3. Rodas / 4. Bolonia
5. Nápoles / 6. Túnez / 7. Niza

ÍNDICE

Si te quieres
embarcar en una nueva
aventura, no te puedes
perder ninguna de
las que te esperan en
Shakespeare el maestro del teatro,
Valle-Inclán el bohemio y
Bécquer el romántico.

Si deseas recibir información sobre nuevos libros, envía, por favor, un correo electrónico con tus datos a info@elrompecabezas.com